Breve Ensayo
OSINT – FAKE NEWS
Año 2023

AUTOR
José Ángel Duarte

OPEN SOURCE INTELLIGENCE – OSINT PARA TODOS

Ensayo breve sobre OSINT y las Fake News en sus diferentes formas, una visión general sobre las noticias falsas, y aspectos de los analistas OSINT; para todas las personas que quieran adentrarse en el apasionante mundo de las investigaciones a través de internet.

Primera edición   Madrid, 2023

TABLA DE CONTENIDO

Capítulo 1: Qué es OSINT y el ciclo de inteligencia

Los teléfonos móviles son uno de los dispositivos más inseguros
que hayan existido nunca, por eso resultan muy fáciles de rastrear.

Evgeny Morozov

La Inteligencia de recursos abiertos, denominado con sus siglas en inglés, Open Source Intelligence (OSINT), podría definirse cómo la obtención de muchos datos sobre muchas personas. Oficialmente la definen como un elemento de producir inteligencia de la información disponible y publicada, y que es obtenida, explotada y dispuesta para una apropiada audiencia, con el propósito concreto de los requerimientos de inteligencia.

Para algunos servicios de Inteligencia, esto podría significar obtener datos de las noticias extranjeras difundidas, lo que se le denomina monitoreo, sin embargo, para un abogado sería los datos obtenidos de documentos oficiales que están públicamente disponibles.

Para la mayoría de las personas que no conocen en profundidad el OSINT podría conformarse con obtener datos de internet después de navegar horas, o usar herramientas de manera indiscriminadas sin tener conocimientos de la materia, y que de alguna forma intentan conseguir información sobre alguien o algo, pero sin poder interpretarla adecuadamente. Pero, en cualquier caso, como fuente general de hallar datos, están los foros y blogs de internet, los accesos de Ayuntamientos que publican mediante boletines (Open Data), Deepweb y redes sociales.

El *ciclo de inteligencia* clásico a modo teórico sería como el que se muestra en la siguiente imagen, diseñado por el Instituto Español de Estudios Estratégicos (IEEE)[1] y lo define como proceso de cuatro fases diferenciadas en: dirección, obtención, elaboración y difusión (figura 1).

El OSINT forma parte del propio ciclo de inteligencia, enmarcado en la fase de obtención de información, como veremos en la definición siguiente;

---

[1] http://www.ieee.es/. Encuadrado orgánicamente en el Centro Superior de Estudios de la Defensa Nacional (CESEDEN).

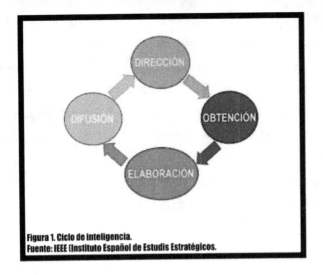

Figura 1. Ciclo de inteligencia.
Fuente: IEEE (Instituto Español de Estudis Estratégicos.

Este proceso o ciclo de inteligencia básico responde a un esquema común, pero no necesariamente debe cumplirse con exactitud en el día a día en la obtención de información y en la producción de inteligencia, puesto que para algunos servicios de inteligencia extranjeros el C.I. (Ciclo de Inteligencia) pueden llevar 5 fases, como el caso de la CIA[2], e incluso hasta 6 como USAICOE[3], (planificación y dirección, recopilación, procesamiento y explotación, análisis y producción, difusión e integración, evaluación y retroalimentación).

En definitiva, todos ellos cumplen teóricamente con el C.I., en cuanto a que es lógico, práctico y fácilmente entendible por cualquier persona; pero, ahora bien, *¿para qué sirve todo esto en la práctica?* Realmente se creó con el fin de simplificar de manera entendible todo un proceso de elaboración de inteligencia, y siendo su objetivo principal que el *decisor* (CEO de una multinacional, presidentes de gobiernos y directores de empresas) entienda de manera sencilla los pasos a dar para la correcta toma de decisión. Pero hasta llegar a la toma de decisión, el proceso del ciclo de inteligencia ha tenido que desarrollar las fases anteriores; *dirección* que es la fase que comprende la planificación de las necesidades reales de inteligencia; la *obtención* de la información, que pueden obtenerse por diferentes y variados métodos y fuentes, siendo las más habituales en el actual

---

[2] CIA (Central Intelligence Agency). Prefieren 5 fases (planificación y dirección, recopilación, procesamiento, análisis y producción y, por último, difusión).
[3] USAICOE (United States Army Intelligence Center of Excellence). Es una escuela de capacitación profesional del personal de inteligencia militar de los EEUU.

contexto, los HUMINT[4] y los especialistas OSINT, aunque hay más fuentes de obtención como SIGINT (inteligencia de señales de procesamiento) o GEOINT (Geospatial Intelligence), o IMINT[5] (inteligencia de imágenes) y otras variantes y especializaciones dentro de OSINT, e incluso de HUMINT. Una vez que el oficial de inteligencia o el analista de una empresa privada obtiene la información se produce la fase de *elaboración o procesamiento,* que explotan intelectualmente todos los datos de las fuentes e interpreta esa información para procesarla, dando lugar a la última fase, denominada *difusión,* esta fase tiene forma de informe escrito, y se pone a disposición de la persona que toma la última decisión, como hemos mencionado anteriormente.

Todo este procesamiento hace que sea realmente necesario que el investigador OSINT en la fase de obtención de información, no caiga en la infoxicación[6], puesto que repercutiría directamente en la calidad de nuestro trabajo, y por consiguiente que el proceso de inteligencia no tenga la cualidad necesaria que se pretendía obtener en la fase de dirección; para ello debemos distinguir entre las noticias, los foros basados en determinadas informaciones, y las desinformaciones que veremos en capítulos posteriores, y poder clasificar en base a unos criterios los datos que obtenemos durante la investigación, sin olvidar que la realidad del día a día en elaborar un informe de Open Source Intelligence, es no sólo usar los distintos recursos abiertos y software sino poder determinar que vamos a obtener con eso, y si cubre nuestras necesidades investigativas.

---

[4] HUMINT (Human Intelligence, fuentes humanas y que son supervisados y evaluados por oficiales de inteligencia). Normalmente suelen ser personas que están en el lugar de la información.
[5] IMINT (Inteligencia a partir de imágenes captadas por satélites o medios aéreos).
[6] Infoxicación se denomina a la sobrecarga informativa o pérdida de tiempo con información irrelevante, pudiendo provocar en el investigador una parálisis en toma de decisiones e incluso ansiedad.

Capítulo 2: Cometidos del OSINT Y cualidades del analista

Nuestro poderío tecnológico aumenta, pero los efectos secundarios y los riesgos potenciales también son cada vez más elevados.

Alvin Toffler

El cometido principal del OSINT es la recolección y obtención de información de recursos abiertos, combinando fuentes de información de internet superficial o clearnet y de la internet profunda o deepweb. Esto no quiere decir que estén ahí indexadas al alcance de cualquiera, y que por el hecho de ser fuentes abiertas sean sencillas de hallar y fácil de explotar, de hecho la mejor fuente de información es la que se encuentra en la deepweb, pero este material está fuera del alcance de los motores de búsquedas convencionales y se hace realmente difícil poder encontrar datos e información interesantes de manera manual, así que el uso de las herramientas apropiadas o la modificación y/o creación de scripts[7] de software libre para nuestros cometidos es realmente práctico si bien es cierto que existen desarrollos de software con licencias y que son eficientes para recopilar información en la deepweb, no suelen estar al alcance de cualquier presupuesto y frena de alguna manera la posibilidad de que empresas se adentren en la web profunda.

Una de las ventajas con las que cuenta el Open Source Intelligence es su bajo coste con respecto a la producción de información, por lo que ofrece un mayor retorno de la inversión. Además ayuda en las estrategias de creación de variedad de objetivos de negocios a largo plazo, así que se convierte cada vez más en una herramienta esencial en empresas privadas de cualquier índole; *tanto es así que en una de mis investigaciones para lo que fui contratado para la toma de decisión sobre si debían o no exportar un producto, después de elaborar en su primera fase dicho producto, la empresa decidió obtener primero un informe de inteligencia OSINT, basado en diferentes variables que se propusieron y atendiendo a las necesidades de la empresa. Gracias al informe de inteligencia OSINT, pudieron percatarse no sólo de la competencia que operaba con los mismos productos, sino que luchaban con negocios de fraudes que vendían el insumo falso en diferentes webs de compra-venta de productos online como legítimo. Finalmente, entre otros muchos detalles que el informe OSINT señalaba su auditor financiero concluyó que el ahorro del primer año supuso más del millón de dólares USD, esto es*

---

[7] Script, es un código informático que realiza una secuencia de órdenes para procesar por lotes. Normalmente en texto plano

una de las muchas ventajas actuales de contratar a investigadores y/o analistas de Open Source Intelligence.

Pero también existen desventajas con las que contamos todos los investigadores, como la ya mencionada anteriormente de sobre carga de información o infoxicación, o poder filtrar todo el *ruido* (información inútil), además de los datos que no están listos para ser usado, todo esto requiere de un trabajo tedioso de análisis y de verificación de la información recopilada para comprobar que no sea falsa, inexacta y/o engañosa.

Todas estas circunstancias nos hacen plantearnos, *¿cuál sería las cualidades idóneas para ser un analista OSINT?*, y *¿qué condiciones debe reunir para poder realizar informes de calidad?* La primera cuestión importante que abordaré es que no es exigible ningún perfil académico específico, y que cualquier persona con unos conocimientos técnicos, con inquietud suficiente y curiosidad más allá de sortear las dificultades que pueden ir apareciendo en el largo camino del analista OSINT.

El desarrollo de un pensamiento crítico y capacidad de observación, sin dejarse influenciar por lo que dicen los demás, ni por toda esa información que se recibe del entorno donde estamos; un buen proceso para desarrollar esta capacidad es ser autodidacta a través de la curiosidad, analizando, leyendo, evaluando y realizando ejercicios de memoria ya que eso ayudará a mantenernos ágiles con los recursos que manejemos; así cómo tener la capacidad de jerarquizar la información relevante y categorizarla para poder luego hallarla con facilidad a la hora de analizarla; otra característica o cualidad que debe disponer un buen analista OSINT es ser capaz de trabajar de forma totalmente autónoma.

Como ejercicios que recomiendo son la realización de criptogramas, como *"Breaking Code"*[8] de Pierre Berloquin (figura 2), en donde se pueden descifrar códigos a partir de varias letras o palabras que están inmersas en una frase, eso sí, en inglés. Esta práctica ayuda a entrenar la capacidad cognitiva, la atención y el desarrollo de memoria entre otros factores.

---

[8] https://www.amazon.com/-/es/Pierre-Berloquin/dp/1454910658.

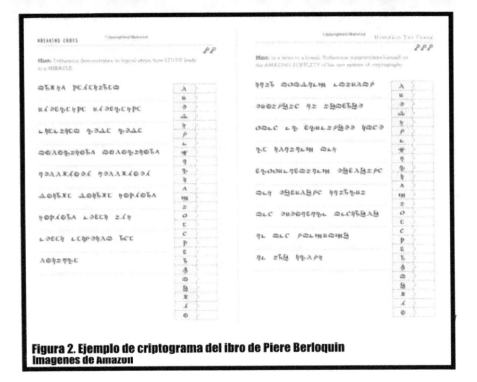

Figura 2. Ejemplo de criptograma del ibro de Piere Berloquin
Imagenes de Amazon

Hay muchos otros tipos de criptogramas, y ejercicios que pueden encontrarse en internet de manera gratuita, pero sea como fuere es una buena práctica dedicar algún tiempo semanal a realizar estos tipos de ejercicios.

Tener contacto con diferentes foros de la comunidad de inteligencia OSINT, es también aconsejable para estar al día, y aprender de lo que otros compañeros realizan, descubren y comparten día a día en metodologías nuevas. Una fuente de recursos online que suele estar muy actualizada es la de Michel Bazzel de Inteltechniques[9]. Michell Bazzell es conocido por ser prácticamente un pionero en el uso de técnicas de OSINT como medio de investigación judicial, concretamente en el FBI (Federal Bureau of Investigation), la principal agencia de investigación criminal e inteligencia del Departamento de Justicia de los Estados Unidos. Michell pudo practicar detenciones y obtener información de criminales, narcotraficantes e incluso lugares y puntos de ventas de narcóticos haciendo uso de fuentes abiertas.

---

[9] https://inteltechniques.com/links.html.

Capítulo 3: Fake news, deepfake news y PSYOPS (operaciones Psicológicas)

Es difícil imponer restricciones en un mundo donde

todo el mundo puede hacer todo.

Hod Lipson

Hoy en día el término *fake news* que representa un anglicismo de los más extendidos desde el año 2016; cuando el 45 presidente de los Estados Unidos, Donald Trump, lo usó en su campaña política presidencial para referirse a los ataques que recibía de diferentes periódicos, entre ellos el *New York Time* y el Washington Post, pareciendo que era un término relativamente nuevo o incluso novedoso, pero nada más lejos de la realidad; la primera vez que se tiene constancia de la palabra fake news fue el 15 de noviembre de 1925 por el editor Edward McKernon, de la Associated Press[10] para Harper´s Magazine (figura 3). Ya en 1925 advertía McKernon de la peligrosidad de las noticias falsas y de la generación de contenido claramente inexacto, así como la extensión de rumores que producía beneficios a ciertos sectores políticos en detrimento de la verdad periodística y de rigor. Durante el siglo XX, el Partido Nacionalsocialista Obrero Alemán, por sus siglas NSDAP[11] , conocido como Partido Nazi en el poder del gobierno de Alemania y con Adolf Hitler al frente, usaba estas técnicas de desinformación y de control de masas de manera eficiente, con técnicas de comunicación muy avanzadas para su tiempo, como fue la emisión de mensajes por radio, cine y televisión con la intención de influir en la opinión pública de los alemanes; pero fue con la llegada de Joseph Goebbels[12] cuando la maquinaria propagandística Nazi tomó auge. Goebbels fue uno de sus principales y más cercanos colaboradores, con una formación universitaria amplia, y con grandes dotes para la oratoria se hizo cargo del Ministerio de Ilustración pública y Propaganda durante el Tercer Reich entre 1933 y 1945.

Figura 3 Detalle de publicación de 1925 por el editor Edward McKernon.

5/sifting-fake-news-from-truth#!&pid=32. NSDAP). Conocido coloquialmente como on: Karl Harrer, Anton Drexler y Adolf Hitler. Adolf Hitler. Fue ministro para la Ilustración pública y Propaganda de 1933 a 1945 (Tercer Reich).

Figura 4. Propaganda del Ministerio para la Ilustración y Propaganda. Fuente:
https://upload.wikimedia.org/wikipedia/commons/0/08/Bundesarchiv_Bild_1011-00011%2C_Ausstellung_PK_Belgien.jpg

En la figura 4[13] observamos la labor del departamento de propaganda de Bélgica en diciembre de 1941 a enero de 1942.

En 2017, *fake news* fue elegida palabra del año por *Collins Dictionary, que la definía como" información falsa, a menudo sensacional, difundida con el disfraz de noticia",* sin embargo, la publicación ese mismo año de *Reuters*[14] sobre la información en la red, define el término como *"noticias que se inventan para ganar dinero o desacreditar a otros",* en este contexto, la publicación de esas noticias inventadas sirve como anzuelo para generar ganancias, situación que dio lugar al neologismo en inglés *clickbait*[15]. Pero Reuters va más allá sobre le definición de *fake news,* y aporta otra connotación, y es: *"noticia que se basa en hechos, pero que se crea para adaptarse a una agenda particular".*

---

[13] Imagen tomada de: Wikipedia

[14] es.reuters.com

[15] Clickbait (ciberanzuelo o cebo de clicks, contenidos en internet que apuntan a generar ingresos publicitarios)

El término *falsas noticias* es el más apropiado bajo mi punto de vista para calificar al conjunto de publicaciones, relatos o mensajes que claramente pretenden provocar en los lectores u observadores mas un sentimiento de emoción que informar acerca de un hecho, y cuando hablamos de noticias falsas o *fake news* en cierto modo estamos desprestigiando el trabajo de los periodistas de rigor, además piense el lector que el término *noticia* trae inherente el suceso de un hecho real; sin embargo el término no debe confundirse con desinformación, que es la información dirigida a cierto sector de la opinión pública y que están patrocinadas por intereses comerciales, políticos o de cualquier otra índole; y con el exclusivo objeto de crear desestabilización, o sembrar duda ante determinados hechos, sobre todo en el campo político, y son datos claramente erróneos con el fin de beneficiar al ente que desinforma.

¿Pero cómo podemos clasificar a las fuentes de información? Es importante tener un estándar en el proceso de clasificación de fiabilidad y credibilidad o las fuentes que proveen la información, para ello nos basamos en el siguiente cuadro (Cussac 2011)[16]. Sistema Internacional de Fuentes:

Categoría	Determinación	Categoría	Determinación
A	Fiable	1	Confirmado
B	Generalmente fiable	2	Probable
C	Bastante fiable	3	Posible
D	No siempre fiable	4	Dudoso
E	Poco segura	5	Improbable
F	Fiabilidad no evaluable	6	Exactitud no evaluable

Figura 5. Tabla de categorización de fuentes de información. Fuente: Cussac 2011

Sobre ese cuadro (figura 5), las letras (de la A a la F) son la fiabilidad conocida de la fuente, y los números (del 1 al 6) asignamos la credibilidad del contenido de la información obtenida, así podemos dar una clasificación para nuestras fuentes; si bien es cierto que en el proceso de obtención de información para un órgano de inteligencia correspondería al encargado del análisis de la información, si es una buena práctica para investigadores de OSINT manejar perfectamente la tabla de fiabilidad, puesto que ayuda en nuestros propios informes, y a la hora de evaluar con otros especialistas OSINT nuestras fuentes de información. Obsérvese el siguiente ejemplo:

---

[16] https://www.atrevia.com/blog/las-fases-del-ciclo-de-inteligencia-3o-fase-elaboracion-analisis-e-interpretacion/

Tenemos una información clasificada como C4, correspondería a una fuente bastante fiable ¿Qué, pero el contenido en concreto es dudoso (4), esta situación ocurre cuando trabajamos en más ocasiones con la misma fuente o es una fuente altamente conocida y fiable, pero que sin embargo la información que aporta en ese caso específico no se ha podido contrastar con otros medios fiables o simplemente que es claramente opuesta a otras informaciones conocidas del mismo hecho o relato con otras informaciones que se conocen, por ejemplo de una fuente *tipo A*, que son aquellas fuentes que no habrá ninguna duda de su integridad, autenticidad y fiabilidad durante todos sus aportes en el pasado (historial como fuente).

Los analistas políticos de la campaña de Trump sabían del impacto que generaban las *falsas noticias* y de su propagación sin precedente mediante redes sociales, y fue precisamente eso lo que les haría estar en ventaja con respecto a Hillary Clinton, que basaba su propaganda en anuncios muy tradicionales y programas televisivos; así su impacto político fue mermado por la sombra que sus asesores no pudieron ver en las redes sociales como Facebook, Instagram y Twitter que llegaron a unos 128 millones de personas solo en Estados Unidos. La irrupción fuerte de las *noticias falsas* o *fake news* durante la campaña presidencial de los EEUU del 2016 fue con las publicaciones sobre una supuesta estrecha relación entre la familia Trump y Vladimir Putin, así como con el servicio de inteligencia Ruso, que eran quienes apoyaban la campaña Trump contra Clinton supuestamente.

Mientras la opinión pública se enredaba en argumentos de cómo unos hackers rusos penetraron en el Congreso Nacional Electoral, la verdad fue mucho más sencilla, y es que mediante el uso de técnicas de ingeniería social y APT[17], obtuvieron información muy comprometedora de John Podesta, el que fuera jefe de campaña de Hillary Clinton. Los grupos denominados APT-28 y APT-29, conocidos como *Fancy Bear,* y *Cozy Bear*[18]; enviaron un supuesto phishing a Podesta, reiterando que tendría que cambiar la contraseña de su correo electrónico corporativo; para mí SET[19] es una de los técnicas más sencillas, mas extendidas y más económicas de realizar, y que solo interviene el factor humano, eslabón más débil y sencillo con el que interactuar, mejor que aprovechar una

---

[17] APT (amenazas persistentes avanzadas)
18 https://www.crowdstrike.com/blog/bears-midst-intrusion-democratic-national-committee/
[19] SET (Social Engineering Toolkit) o bien con propias técnicas sencillas.
https://github.com/trustedsec/social-engineer-toolkit

vulnerabilidad conocida o de *Zero Day*[20] a un sistema, servidor o máquina conectada a la red, aunque todo depende del factor oportunismo.

Toda la información filtrada, fue aprovechada para realizar falsas noticias, y desinformaciones, creando tal confusión que la cobertura de las noticias reales y de las campañas electorales quedaron al margen, y de manera especial cuando se hizo público los correos electrónicos de Hillary Clinton, empobrecieron por completo su imagen como potencial candidata a la presidencia de los Estados Unidos.

El 6 de enero de 2017 la federación de la comunidad de inteligencia de los Estados Unidos[21] recogió en un informe la distorsión que había sufrido el debate entre Donald Trump y Hillary Clinton, denigrando aspectos personales de Clinton, y propagando toda una discordia, que poco después se vieron aumentada por las noticias falsas que viralizaban sitios de origen fraudulento, blogs radicales y partidistas como *Breitbart o Freedom Daily* que consiguieron que en solo tres meses de campaña previos a las elecciones en Estados Unidos, superaran las noticias falsas de interés electoral en Facebook por encima de las noticias auténticas de periódicos acreditados como *Washington Post, o The New York Time.* Estos hechos fueron recogidos por *buzzfeed.org*[22].

Las veinte primeras noticias falsas sumaban 8,7 millones de impactos en Facebook, mientras que los diarios de noticia de referencia no llegaban a los 7,2 millones (Silverman, 2016, Singer-Vine, 2016)[23] *.* Por su parte Twitter detectó una gran cantidad de bots y *"noticias chatarra" (junk news),* término que se acuñó entre los votantes de Michigan en la red del pajarito azul en vez de *fake news.* Según la Universidad de Oxford en un proyecto computacional sobre propaganda, midieron toda la actividad de estas *junk news,* y pudieron determinar que alcanzaban casi el 23% del contenido, o lo que es lo mismo la cuarta parte del total de Twitter e igualaba al de noticias profesionales (Howard et al, 2017).

---

[20] Zero Day, vulnerabilidades que aún no han sido parcheadas, normalmente con costes económicos, o algunas solo se venden en el mercado negro en la Deep web.

[21] Federación compuesta por 16 agencias gubernamentales de inteligencia, seguridad nacional y relaciones internacionales. USIC (US Intelligence Community).

[22] https://www.buzzfeed.com/

[23] https://web.stanford.edu/~gentzkow/research/fakenews.pdf

El mismo grupo de investigación, un año antes monitorearon los tweets contra la salida de Gran Bretaña de la Unión Europea, y los hashtags pro publicados entre *los días 5 al 12 de junio de 2016, que circulaban por más de 300.000 cuentas de Twitter; operaciones difícilmente alcanzables por un humano (Howard; Kollanyi, 2016). En conclusión, se trataba de mensajes automatizados que imitaban la interacción humana con netbots.*

En las elecciones generales británicas de 2017 según un sector importante de investigadores, detectaron el uso de tecnologías de netbots por parte de Los Laboristas, que usaron primero un software para poder identificar a los potenciales votantes, *en mi experiencia la denomino zona de impacto[24]*, y luego bombardearon con mensajes potencialmente emocionales para que se compartan y propaguen más rápido la información precisa a favor de Los Laboristas.

Un estudio de la Universidad de Swansea (Gales) pudo identificar 6.700 cuentas de usuarios de Twitter que en semanas previas a los comicios de junio de 2017 difundieron mensajes favorables a Jeremy Corbyn.
Traducido esto en números; 80% de las cuentas eran automatizadas, se crearon solo 8 días antes de las elecciones, resultando que Theresa May perdió la mayoría absoluta al obtener un 42,2% de los votos.[25]

Según el estudio de *Journal of Economic[26]* de Stanford de *"Social Media and Fake News in the 2016 Election"*; *se realizan artículos de noticias falsas a través de diferentes sitios web listos para ser impresos o fabricados con la única intención de engañar y manipular, como denverguardian.com[27]*; que alcanzó gran popularidad por sus noticias falsas y arremetidas en contra de Hillary Clinton, aunque el caso de esta web en concreto era claramente contenido falso, otros *sites* eligen nombres parecidos al de organizaciones de noticias legítimas para poder engañar a un gran número de personas, creando pseudo artículos que fuera de contexto podría interpretarse como un hecho totalmente cierto por lo que la confusión y desinformación es aún mayor.

---

[24] Zona de Impacto, término que uso en mis informes para definir el sitio o grupo de personas afines a los mensajes políticos para su ayuda a la distribución.

[25] https://www.dw.com/es/miles-de-cuentas-rusas-habr%C3%ADan-apoyado-a-corbyn/a-43583045

[26] Perspectives—Volume 31, Number 2—Spring 2017—Pages 211–236. https://web.stanford.edu/~gentzkow/research/fakenews.pdf

[27] Actualmente : http://jestincoler.com/. Fue un sitio conocido por publicar noticias falsas, sátiras, y engañosas en contra sobre todo de la campaña de Hillary Clinton.

La mayoría de los sitios web creados para estos fines en las campañas políticas del 2016, en la actualidad no existen puesto que su duración en la mayoría de los casos es de tiempo limitado, y llegó a constatarse en una investigación de BuzzFeed y The Guardian que más de un centenar de sitios que publicaban noticias falsas de manera masiva fue administrado por jóvenes de una pequeña ciudad de la República de Macedonia, llamada Veles.

El *clickbait* en ésta ciudad de Macedonia prácticamente emplea al 90% de los jóvenes dedicados a posicionar noticias falsas, impactantes, inexactas, o escandalosas aprovechando las circunstancias que rodeen a la comunidad internacional, con estas noticias consiguen generar en 6 meses la cantidad que sus padres nunca pudieron reunir durante toda una vida; así que cada vez que alguien acude a esos enlaces de noticias, y que son descaradamente falsas o escandalosas, estamos contribuyendo a la propagación del mejor negocio de internet, el *clickbait*. El International *journal of scientific progress and research*[28] (IJSRP), realizó en una de sus publicaciones (Issue 109, Volumen 38, Número 02, 2017) por el Dr. K. R. Subramanian, *"sobre el uso de las redes sociales, el impacto, el crecimiento y cómo de alguna manera afecta a la forma en que nos llegan las noticias"*.

Los expertos internacionales calcularon que más del 14% del contenido de las redes sociales, y un 68% del tráfico web es generado por *netbots o bots,* que como ya sabemos en la actualidad dominan muchas tareas que se realizan a diario en internet, si a éste factor técnico le agregamos que son una de las herramientas más usadas en la difusión de campañas de propaganda política ayudando a automatizar los mensajes políticos y manipulando la opinión pública, se convierte en una inversión ridícula con respecto a los resultados que se obtienen.

Por su parte en España, un informe del Ministerio de Asuntos económicos y transformación digital, de la Vicepresidencia tercera del gobierno de España, del ONTSI[29], indica que el 92% de la población española se informan a través de internet, y el 85% lo hace a través de redes sociales. Éstos datos hacen pensar que sería sencillo difundir campañas masivas con falsas noticias creando cuentas troleadas en redes

---

[28]https://www.researchgate.net/publication/319422885_Influence_of_Social_Media_in_Interperso nal_Communication
[29]https://www.ontsi.red.es/

sociales, y llegando a un número importante de personas, si además contamos con ciudadanos de entre 16 a 23 años que suelen compartir los mensajes que llegan a través de WhatsApp sin contrastar siquiera si la noticia es verdadera o es un simple bulo, obtenemos que los resultados de esas noticias se han propagado a una velocidad tal, que llega a estar más tiempo leyéndose que las noticias periodísticas de rigor y verdaderas.

Figura 6 Captura de tuit de RT.

Como sabemos y hemos mencionado anteriormente, las falsas noticias o *fake news* están desarrolladas más para llegar a la parte sentimental del observador o lector que a la del raciocinio,

Según un estudio que mandó el diario *El País*[30]a la empresa *Audiense,* sobre el intento de referéndum o proceso independentista de Cataluña, un grupo de 4.883 perfiles netbots difundieron o bombardearon sistemáticamente mediante propaganda y difusión de mensajes de medios de comunicaciones con relación directa al Kremlin. Entre los días 29 de septiembre y 19 de octubre de 2017 los mensajes de estos medios rusos, como RT y Sputnik se compartieron más de 84.000 veces en Twitter por unas 38.000 cuentas, o lo que es lo mismo, 13 de cada 100 cuentas difundieron mensajes sobre Cataluña. La campaña de ayuda al intento secesionista por parte de RT se tradujo en que la cuenta de Twitter de este medio en español alberga 2,8 millones de seguidores, más que en su versión inglesa, consiguiendo que el 80% de los mensajes emitidos por la cadena rusa hablaran sólo y exclusivamente del referéndum.

Pero un tuit en concreto, que puede encontrarse aún, titulado *'Dictadura venezolana vs democracia española'*[31](figura 5*)* alababa las virtudes del sistema político venezolano frente al español.

---

[30] https://elpais.com/politica/2017/12/04/actualidad/1512389091_690459.html
[31] https://twitter.com/actualidadrt/status/919985771133788160?lang=es

La buena noticia es que España cuenta con una gran cantidad de profesionales, y auténticos expertos en ciberseguridad en su sentido más amplio de la palabra, y en OSINT por supuesto; y durante el proceso de referéndum se publicaron imágenes editadas donde se incluían banderas y simbologías para animar la causa. La mayoría de estas imágenes contenían metadatos, pudiéndose extraer información útil.

Sin duda mucho más peligroso que las *falsas noticias*, es la versión más sofisticada de las *fake news*, denominadas *deepfake news,* que proviene de la unión de la palabra *Deep (18xtr learning),* y *fake*, falso; pero… *¿Qué entraña el 18xtr learning?*

El *18xtr learning* o *aprendizaje* profundo usa tecnología de inteligencia artificial (I.A.), que permite editar vídeos de personas que aparentemente son reales, e incluso el vídeo real de algún presentador conocido, orador de algún mitin político o el mismo político en sí, y hacer que mediante algoritmos de aprendizaje (machine learning), en español conocido como *RGA (red generativa antagónica)*, genere el mismo timbre de voz, gesticulación, cambiar lo que está diciendo por otro mensaje totalmente diferente o tergiversado, hacer que parezca que habla perfecto otro idioma, o como el caso de la BBC News de Londres, que para que su presentador del noticiero principal pueda recitar las noticias en diferentes idiomas hacen uso de esta tecnología, con una sincronización de gesticulación y sonidos tan perfecta que es indetectable, para esto se usa con frecuencia el algoritmo de aprendizaje automático conocido como *Tensorflow*[32].

Lo más preocupante de las *deepfake* y su actual desarrollo y crecimiento, es que en breve espacio de tiempo nos preguntaremos qué validez tendrá como prueba judicial un vídeo; en la actualidad sabemos que un simple vídeo captado con un Smartphone en donde se nos vea supuestamente haciendo algún acto sospechoso sería más que suficiente para que haya una visita exigida a una comisaría de policía o juzgado, pero… si ese fragmento de vídeo fue realizado con técnicas de 18xtr learning para incriminar a otra persona o simplemente zafarse de alguna condena, simplemente generando ruido[33] suficiente en esos conjuntos de datos., *¿servirán entonces como prueba en un futuro los vídeos?*

---

[32] https://www.tensorflow.org/
[33] Ruido: introducir o cambiar paquetes de datos, distorsionar elementos de código.

La respuesta es que si sirvan; y es que todas estas técnicas de uso de fake y de deepfakes ha llevado a crearse patrones y herramientas que usan *redes neuronales adversarias*[34], para contrarrestar o poder neutralizar y conocer cuando un vídeo ha podido ser creado por 19xtr learning, como el estudio realizado por tres investigadores, publicada por la Universidad de Cornell, en Nueva York (EEUU); que básicamente entrenan al algoritmo de detección para comprobar el parpadeo de los protagonistas de los vídeos y poder comprobar si son deepfake con un 99% de precisión en sus estudios preliminares, basándose en que una persona puede llegar a parpadear unas 17 veces por minutos pero las fotografías actuales no suelen capturar a gente con los ojos cerrados, es un defecto de los algoritmos usados para deepfake.

No obstante, los ingenieros de los deepfake ya están solventando este problema o defecto. Si todo esto ya parece preocupante para el futuro del desarrollo de la tecnología, y un auténtico desafío para gobiernos y expertos en Derecho que de alguna forma tendrán que legislar y poner en práctica las acciones necesarias para garantizar que la ciudadanía estará segura en un proceso judicial con pruebas y/o evidencias gráficas,

Para el campo de la investigación OSINT y análisis forense informático será otro desafío, porque se tendrá que realizar los métodos necesarios de *realización de atribución*[35] u obtención de información sobre activos tecnológicos el uso de los algoritmos de machine learning, 19xtr learning, y la red neuronal adversaria, para descubrir a partir de variables o parámetros (una imagen, un vídeo, una captura de pantalla, un mensaje de red social, o un simple texto de mensajería instantánea), que entidad o actor está detrás del hecho que se investiga.

Por desgracia no solo se puede apelar al uso racional y responsable de la tecnología, las redes sociales y la mensajería instantánea, y la verdad es que se seguirá compartiendo por estos medios mas bulos, propaganda de posverdad, falsas noticias, vídeos deepfake, y cualquier tipo de bulo o mensaje desinformativo que alguna organización necesite en un momento determinado, por todo esto es esencial los trabajos de investigación que actualmente se están elaborando en diferentes universidades españolas,

---

[34] https://www.bloglenovo.es/redes-generativas-adversarias-la-ia-esta-aprendiendo-de-forma-exponencial/

[35] Métodos y técnicas para atribuir a una entidad o actor la responsabilidad de una acción en el ciberespacio.

e incluso una investigación pionera que se llamó *Veripol* que se inició en el 2015 impulsada por un Inspector Jefe del CNP[36] para poder detectar denuncias falsas de robo con violencia o hurto con unas probabilidades del 96% en el 2019, tomando la inteligencia artificial y el *big data* como medios para comparar patrones de casos de denuncias falsas, comportamiento humano ante las mentiras y falsedades que declaran con los denunciantes reales y establecer las probabilidades de que se esté ante un falso denunciante que necesita de esa denuncia para el cobro de alguna póliza de seguro.

Pero si creemos que hasta aquí no hay más de que preocuparse con las falsas noticias y la generación de contenido mal intencionado con la única idea de desestabilización general de sectores de población, es que aún no hemos oído hablar de PSYOP[37], las operaciones psicológicas, y cómo actúan en nuestros tiempos, y aunque existen como tal desde la I Guerra Mundial, algunos historiadores la sitúan en unos hechos escritos contra el rey Aliates en la antigua Grecia que datan en el S. VI a. C, detalles que podría constatar que ya existían medios psicológicos como forma de enfrentarse al enemigo[38]. Pero en la actualidad se hace constante en internet el uso de operaciones psicológicas en campañas políticas, que no cabe duda que le hace una herramienta más potente por su rápida propagación y simplificación de uso; si añadimos las técnicas actuales de ingeniería social a la difusión de *propaganda negra*[39] se convierte en el escenario perfecto para implementar Psyops a una gran escala, con la intención de ocultar el verdadero origen y atacar con la tergiversación, las fuentes falsas o simplemente denigrar al objetivo. El Internet en este siglo es un instrumento poderoso y que facilita a cualquier sociedad sea cual fuere su naturaleza el acceso al mundo exterior, con posibilidades infinitas de saciar la demanda de información, pero todo esto tiene un impacto sin precedentes y es que cualquier individuo con unos conocimientos mínimos de informática pueda hacer llegar mensajes a una Audiencia o receptores muy concretos, pudiendo influenciar en sectores de la opinión pública e incluso incitar a determinados comportamientos hostiles, como se ha ido viendo en determinados escenarios internacionales, que grupos de redes sociales se han organizado para protestas virtuales y difundir un mensaje con técnicas de viralización de contenido.

---

[36] CNP (Cuerpo Nacional de Policia de España)

[37] Operaciones psicológicas, las técnicas usadas para transmitir información seleccionada, con la misión de influir, cambiar o alentar en emociones o razones.

38 https://es.wikipedia.org/wiki/Bías

[39] https://es.wikipedia.org/wiki/Propaganda_negra

Desde la actual crisis del Coronavirus 2 o SARS-CoV-2 que se tiene constancia desde el 31 de diciembre de 2019, y que causó el COVID-19, hubo un repunte de las falsas noticias y desinformación a nivel europeo, si bien es cierto que *hay expertos que señalan de nuevo al Kremlin*(figura 7), por sus métodos conocidos para la desestabilización, y amplificar de alguna forma las divisiones político social, no debemos caer en difundir noticias que no han sido contrastadas de alguna forma, o bien provengan de fuentes fiables tanto nacionales como internacionales, y mucho más como analistas OSINT o expertos en recursos abiertos, puesto que en esta crisis del virus se han producido una gran cantidad de difusión de mensajes, consejos y falsos remedios para supuestamente contrarrestar el virus que ponen en serio peligro vidas humanas, y en el mejor de los casos, hacer que se compren productos realmente innecesarios, aprovechando los sentimientos de los confinados y el miedo al contagio, como advierte la OMS.

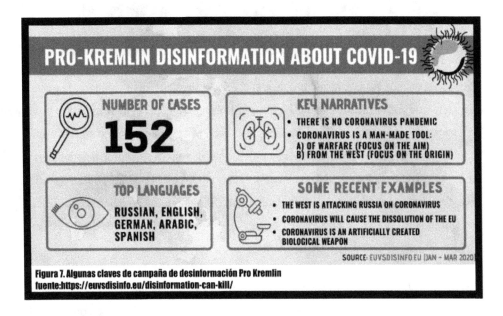

Figura 7. Algunas claves de campaña de desinformación Pro Kremlin
fuente:https://euvsdisinfo.eu/disinformation-can-kill/

Como expuso el Alto representante de la Unión Europea para Asuntos Exteriores y Política de Seguridad, Josep Borrell Fontelles[40], en un comunicado, la desinformación puede matarte. Y es que, si el ciudadano hace caso de consejos o falsas noticias, como por ejemplo los de la figura 8, sobre noticias y mensajes difundidos de desinformación

---

[40] https://es.wikipedia.org/wiki/Josep_Borrell

poblacional, y cree que el < *virus no es peligroso*>, o que <*bebiendo lejía no se contagia*>, puede provocar la muerte de personas inocentes y sanas.

Figura 8. Mensajes de desinformación más difundidos. fuente: https://euvsdisinfo.eu/disinformation-can-kill/

Es esencial que los ciudadanos hagan un esfuerzo para mantenerse informados de manera adecuada y no consumir como noticia o información cualquier mensaje reenviado a través de mensajería instantánea o redes sociales como hemos estado advirtiendo en este primer capítulo general, y no convertirnos en una pieza más del puzle de la propaganda negra o de campañas de desinformación con intereses geopolíticos o estratégicos; nuestro sentido ético como investigadores debe ser imparcial en todo momento y no dejarnos influenciar por sentimientos políticos, puesto que seríamos parte activa de elementos que llevarían a realizar de manera errónea un análisis OSINT.

Una de las webs más interesantes a nivel europeo para visualizar datos de fuentes fiables, es el *site* de *Europa contra la desinformación*[41], tienen una base de datos con todas las noticias falsas difundidas, origen, fuente y fechas de esas noticias, lo que le confiere una credibilidad sin igual, es una herramienta imprescindible para la contratación de información, además de ser actualizada diariamente.

En la figura 9 podemos observar una captura de pantalla de los casos de desinformación que se han dado, además podemos ver en el gráfico interactivo de la web todos los detalles de los mismos.

---

[41] https://euvsdisinfo.eu/disinformation-cases/

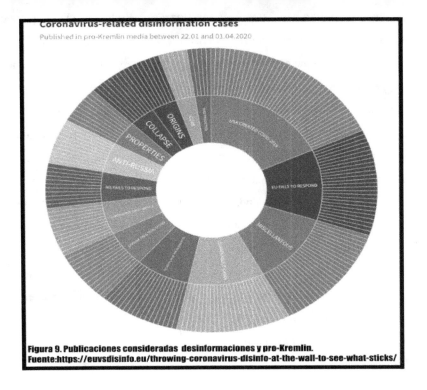

Figura 9. Publicaciones consideradas desinformaciones y pro-Kremlin.
Fuente:https://euvsdisinfo.eu/throwing-coronavirus-disinfo-at-the-wall-to-see-what-sticks/

Todos estos elementos pertenecen a lo que podemos considerar como operaciones psicológicas, usando métodos conocidos en diferentes operaciones llevadas a cabo por agentes o fuentes pro-Kremlin. Una de las investigaciones de OSINT llevadas a cabo por Graphika[42] (dedicados a análisis de redes sociales, manipulación y desinformación), y que publicaron el día 17 de diciembre de 2019, titulado en ingles *"UK Trade Leaks and Secondary Infektion: New Findings and Insights from a Known Russian Operation", "analizan nuevas cuentas en redes sociales e identifican al menos 44 historias lanzadas entre octubre de 2016 y octubre de 2019 por la operación Rusa, demostrando en la mayoría de los casos que eran falsas y basadas en documentos oficiales falsificados o entrevistas que nunca tuvieron lugar. Estos mensajes se amplificaron a través de las cuentas troles de las redes sociales y plataformas de foros donde podían postear sin ningún tipo de moderación por parte de nadie"* (traducción del análisis, página 2)[43], simplemente indexaban contenido con un rango de transmisión amplio, aunque se demostró que no del todo eficiente o al menos como esperarían conseguir al principio de la operación.

---

[42] https://graphika.com/reports
[43] https://graphika.com/reports/uk-leaks-and-secondary-infektion/

Las redes que más se usan para estos fines son BuzzFeed, Reddit, Medium, quora.com. La finalidad de la operación rusa era crear división y/o desestabilización entre los países de Occidente, especialmente entre EEUU y Reino Unido, pero incluso entre Alemania y Francia, *"pretendían socavar las relaciones entre Angela Merkel y el presidente Emmanuel Macron"* (traducción del análisis, página 2). El informe tiene una preocupación manifiesta de cómo los rusos obtuvieron documentación oficial de Reino Unido sobre las relaciones comerciales, aún en el 2020 se desconoce con exactitud si fue por una filtración interna o por una ciber-intrusión. El resto de las informaciones que vertieron con las 44 noticias no hay duda de su falsedad, pero no por eso es menos dañina. Nos centraremos en lo que *Graphika* obtuvo sobre los artículos escritos en español, sobre el supuesto apoyo de la Unión Europea a los separatistas catalanes, y que fueron difundidos a través de una cuenta troleada de Reddit, de nombre usuario "lauraferrojo"[44] En la página número 5 del análisis, hay una captura de pantalla de la cuenta en Reddit (figura 10), donde según Graphika, *"en 21 minutos desde la creación de la cuenta subscribió diferentes subreddit sobre el mismo asunto catalán, recibió hasta el 9 de diciembre de 2019 los 34.900 miembros"*

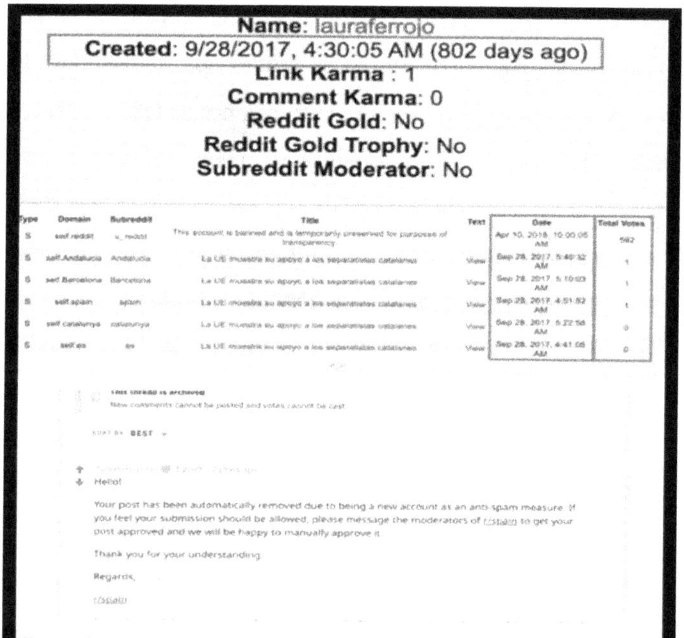

Figura 10. Captura de pantalla de página 5 fuente:https://graphika.com/reports/uk-leaks-and-secondary-infektion/

---

[44] https://reddit.com/user/lauraferrojo,

La misma cuenta postea el día 28 de septiembre de 2017 un supuesto documento del gobierno de España, claramente falsificado; sin embargo, levantó muchas dudas y confusión que era el fin del cometido de la operación.

"El artículo afirmaba que la UE había decidido en secreto que se permitiría a Cataluña unirse a la Unión después de declarar la independencia, incluso si el Gobierno de España no acepta los resultados del referéndum" esto dos días antes del referéndum." (traducción página 17). En la figura 11 se muestra la captura de pantalla del post de la cuenta de *"lauraferrojo"*, *"El artículo publicado en los subreddits contenía una captura de pantalla de una carta atribuida al Secretario de Estado de Administraciones Territoriales, Roberto Bermúdez de Castro Mur, y dirigida a la Viceprimera Ministra María Soraya Sáenz de Santamaría Antón."*

Figura 11. Captura de pantalla de la falsificación de documento, posteado en Reddit.
fuente:https://graphika.com/reports/uk-leaks-and-secondary-infektion/

Se comprueba errores gramaticales, la forma de expresión no coincide con la redacción propia de los escritos ministeriales, y además se dá el caso que las formas de expresiones en el escrito son similares con el lenguaje usado en los diferentes posts. El análisis interesante de esto es lo recogido por el informe de Graphika, que concluye que; si bien es cierto que no logró la difusión en medios de comunicaciones nacionales e internacionales como parecía ser el objetivo final, predomina el método pro-kremlin usado a tan sólo dos días antes de la celebración del referéndum catalán, "con la particularidad de intentar sembrar la desinformación, pretendiendo la división y la inflamación entre los españoles", y diseñada para alentar al movimiento separatista"

Para los investigadores OSINT es importante, como hemos mencionado antes a lo largo de este capítulo, consultar otros investigadores, analistas y estudiosos de métodos usados por los principales actores de la desinformación, conocer las técnicas hará que podamos ver con mayor claridad y celeridad de donde pueden provenir el material que estemos analizando. La participación de emisores pro-kremlin está más acentuada desde el 2014 en la Unión Europea, canales como RT (Russia Today) es visualizado, leído y recibido por una gran cantidad de hispanohablantes en el mundo, lo que confiere un canal de emisión de mensaje muy superior a otros medios.

Russia Today lleva operando más de 10 años en español, con un total de veinte millones de espectadores en solo América Latina. La cadena incluso promovió dos temporadas con un espacio para el expresidente Rafael Correa y actual condenado a 8 años de prisión por la justicia ecuatoriana por el *Caso Sobornos 2012-12016*[45], según la cadena RT, citando textualmente: *"Rafael Correa, intercambia pareceres con figuras públicas de primer nivel, en distendidas conversaciones que abren un canal de reflexión alternativo y de gran valor para entender la realidad geopolítica y social del mundo en que vivimos".*[46] Sin entrar en valoraciones políticas ni geoestratégicas que no es el cometido técnico de éste ensayo, si decir que dista mucho lo dicho por RT con respecto a la prensa nacional ecuatoriana.

---

[45] https://www.eluniverso.com/noticias/2020/04/07/nota/7807251/rafael-correa-culpable-caso-sobornos
[46] https://actualidad.rt.com/actualidad/332143-10-anos-rtespanol-informando-america-latina-mundo